NOTICE HISTORIQUE

SUR LE DUC

DE CLERMONT-TONNERRE

TRADUCTEUR ET COMMENTATEUR

DES ŒUVRES D'ISOCRATE

Paris. — Imprimerie de Ad. Lainé et J. Havard, rue des Saints-Pères, 19.

NOTICE HISTORIQUE

SUR LE DUC

DE CLERMONT-TONNERRE

TRADUCTEUR ET COMMENTATEUR

DES ŒUVRES D'ISOCRATE

PAR E. EGGER

MEMBRE DE L'INSTITUT

TROISIÈME ÉDITION.

PARIS

CHEZ AD. LAINÉ, LIBRAIRE-ÉDITEUR

RUE DES SAINTS-PÈRES, 19.

1868

AVERTISSEMENT

DE LA DEUXIÈME ÉDITION.

Pour répondre au désir de quelques amis des lettres et de l'histoire, nous réimprimons la *Notice sur le duc de Clermont-Tonnerre*, dont la première édition est épuisée. Dans cette seconde édition, deux pages et quelques lignes y sont ajoutées, soit pour réparer des omissions involontaires, soit pour marquer mieux çà et là certaines nuances de notre jugement. D'ailleurs, aucune vanité d'écrivain ne nous induisait à retoucher le portrait que nous avions tracé en 1865; nous songions surtout à l'original, à l'homme dont les souvenirs, fidèlement recueillis, prenaient pour nous, par la réflexion, une forme chaque jour plus nette à la fois et plus vive. Ceux qui reliront

ces pages voudront donc bien n'y pas cher-
cher l'intérêt de particularités nouvelles et
piquantes, mais ce que nous avons trouvé
nous-même dans la présente révision, le plai-
sir renouvelé d'un commerce intime avec
l'éminent homme de bien que nous avons
voulu peindre.

Un seul regret s'attache aux souvenirs d'une
si longue et si honorable carrière, et nous
l'avons ressenti plus que personne : c'est que
le duc de Clermont-Tonnerre n'ait pas rédigé
lui-même au moins une esquisse de sa propre
vie. Peut-être l'homme de guerre, l'actif et
intègre administrateur, nourri des plus saines
leçons de l'antiquité, habitué à ses patrio-
tiques exemples, ne devait-il pas laisser à
d'autres le soin de dire ce qu'il a fait et ce
qu'il a voulu faire.

Malgré sa vive ardeur pour le métier des
armes, son âge et son grade ne lui permirent
pas de figurer avec éclat dans les grandes
luttes de l'Empire. Il avait débuté comme
lieutenant d'artillerie au camp de Boulogne;

mal servi par les circonstances, il ne rejoignit l'armée de l'Empereur qu'au lendemain d'Austerlitz, et, comme pour augmenter ses regrets, il fut chargé de lever le plan du champ de bataille. Envoyé de là dans le royaume de Naples, il gagnait sa première décoration au siége de Gaëte. Retenu en France pendant la campagne de Russie, il a pu envier au jeune colonel de Montesquiou-Fezensac l'honneur de suivre la Grande Armée, et, plus tard, celui d'en écrire les glorieux désastres d'une main qui rappelle la touche délicate et ferme de Xénophon[1]. Pourtant, les faits de guerre qu'on vient de rappeler, puis, sous la Restauration, parmi d'autres travaux parlementaires, l'abolition définitive du droit d'aubaine, enfin sept années de ministère qui ont vu l'expédition d'Espagne et l'affranchissement de la Grèce, et qui ont préparé la con-

---

[1] *Journal de la Campagne de Russie* (1850), fondu depuis, en 1853, dans les *Souvenirs militaires de* 1804 *à* 1814, dont une seconde édition a paru en 1866. Le duc de Fezensac est aussi, comme le fut le duc de Clermont-Tonnerre, un humaniste et un lecteur assidu des grands écrivains de l'antiquité grecque et latine.

quête d'Alger, ne sont pas de si médiocre intérêt pour l'histoire qu'on ne voulût les connaître par les récits mêmes d'un acteur et témoin si considérable. Nous savons quels scrupules ont détourné le duc de Clermont-Tonnerre d'écrire et surtout de publier des Mémoires. Après lui, personne encore n'a repris en main la tâche pour laquelle il avait réuni quelques matériaux. L'Histoire générale de la Restauration pourra dire, plus tard, ce que fit alors pour la France un de ses plus consciencieux serviteurs, et quelque rang qu'elle lui donne, quelque part qu'elle lui assigne dans l'œuvre commune, elle saura du moins apprécier l'ardeur de son zèle aux jours de l'action, comme elle appréciera, aux jours de la retraite, les motifs de son discret et silencieux dévouement. Surtout je m'assure qu'elle aura pour lui plus d'éloges que sa profonde et chrétienne modestie n'en a jamais attendu.

Octobre 1866.

NOTICE HISTORIQUE

SUR LE DUC

DE CLERMONT-TONNERRE

TRADUCTEUR ET COMMENTATEUR

DES ŒUVRES D'ISOCRATE [1]

> Mihi quidem Scipio, quanquam est ereptus, vivit tamen semperque vivet : virtutem enim amavi ejus viri, quæ exstincta non est.
>
> (CICÉRON.)

Le titre seul de cette notice indique assez dans quelle intention elle est écrite.

Le duc Aimé-Marie-Gaspard de Clermont-Tonnerre, né à Paris le 27 novembre 1779, mort au château de Glisolles le 8 janvier 1865, a occupé dans le monde une position éminente. Ancien élève de l'École polytechnique, il parvint, jeune encore, dans l'armée, au grade de général de

---

[1] *Œuvres d'Isocrate*, traduction nouvelle, avec le texte en regard. Paris, 1862-64, 3 vol. gr. in-8°, chez Firmin Didot et chez A. Durand.

division ; appelé dès 1815 à la Chambre des pairs, il fut, de 1821 à 1827, successivement ministre de la marine et ministre de la guerre. Dans l'exercice de ces dernières fonctions, il a conçu et proposé une expédition importante, la conquête d'Alger, accomplie deux ans plus tard avec un succès qui ne sauva pas alors la monarchie héréditaire, mais qui, du moins, n'a pas été stérile pour la France. Il ne m'appartient pas de le suivre à travers les vicissitudes de sa carrière si longue et si laborieuse ; je ne saurais parler comme témoin des actes de sa vie publique, et les nombreux documents qui en restent réclameraient la diligence d'un écrivain plus versé que je ne le suis dans l'histoire contemporaine. Mais si j'ai connu trop tard le duc de Clermont-Tonnerre, du moins ai-je eu le bonheur de le connaître d'assez près pour apprécier les nobles qualités de son esprit et de son cœur, et je voudrais rendre ici un hommage à sa mémoire en racontant comment ces qualités mêmes le rattachèrent à ce que l'on appelle si bien chez nous la république des lettres, et comment elles donnent à ses travaux sur Isocrate le caractère d'une véritable originalité.

C'est en 1857, pour la première fois, qu'une amitié qui nous était commune[1] et une communauté d'études que j'ignorais jusque-là me valurent l'honneur d'entrer en relations avec le duc de Clermont-Tonnerre; il avait alors soixante-dix-sept ans et il travaillait encore à une version française des œuvres d'Isocrate, commencée par lui peu de temps après 1830. Personne n'abordait ce vénérable vieillard sans être touché d'une sympathie respectueuse. Que devait ressentir un humaniste, lorsqu'il retrouvait chez l'ancien ministre de Louis XVIII et de Charles X la passion du grec, le culte des chefs-d'œuvre classiques, le souvenir vivant des hommes qui avaient, au commencement de ce siècle, ranimé en France les études helléniques? Il y avait là un charme sérieux, qui m'allait au cœur et qui s'augmenta bientôt pour moi de toute la séduction d'une affabilité gracieuse, d'une modestie simple et vraie.

La traduction d'Isocrate était alors achevée,

---

[1] Je veux parler de M. Jacques-Benjamin Morel, né à Dunkerque le 26 mars 1781, mort dans sa ville natale le 24 août 1860. Son amitié avec le duc de Clermont-Tonnerre remontait à l'année 1803; ce dernier était alors simple lieutenant d'artillerie. Sur la vie de M. Benjamin Morel, on lira avec intérêt la *Notice historique et biographique* publiée à Dunkerque, en 1862, par M. J.-J. Carlier.

ainsi que les arguments et sommaires qui devaient précéder chaque discours. Il ne restait plus qu'à rédiger des notices sur la vie d'Isocrate et sur les éditions de ses œuvres, puis un commentaire dont quelques parties seulement étaient écrites ou ébauchées.

Vingt-cinq ans de fidélité studieuse à une même œuvre ! rare mérite en un siècle de production rapide. Mais cette œuvre avait un autre mérite encore, qu'on ne devinait pas à première vue et qui ressort du court Avant-propos imprimé aujourd'hui en tête du premier volume : c'était, on peut le dire en vérité, une œuvre d'inspiration.

Nous avons au moins cinquante versions françaises d'Horace, et, sur ce nombre, beaucoup sont dues à d'anciens militaires. Les généraux, quand ils ont fait de bonnes études avant de faire la guerre, se plaisent volontiers, sur le retour de l'âge, à relire les vers d'Horace. Ce gracieux poëte, honnête au fond, malgré bien des faiblesses de cœur, convient aux hommes qui ont beaucoup vécu et dont la vie n'a pas évité tous les écueils ; ils retrouvent chez lui leurs erreurs d'autrefois, er-reurs qu'ils n'aiment plus, mais qu'ils ne condamnent pas trop durement; ils y retrouvent les principes essentiels de la morale, tempérés par une aimable indulgence, égayés par mainte saillie de satire ingénieuse.

Isocrate est un moraliste et un politique moins propre à se faire des amis chez les gens du monde. Non pas que sa morale ne soit aussi douce qu'elle est pure, et que sa politique n'ait de nombreux rapports avec celle de notre temps; mais, d'abord, il est Grec et non Romain, ce qui met déjà entre lui et nous une distance plus grande; puis, c'est un prosateur à longues périodes, un prosateur savant, régulier, sans mouvements bien vifs; il n'a pas cette puissance d'action qui, dans les écrits de Démosthène, nous rappelle les élans de la tribune. Sa philosophie, d'une vérité très-générale et, par cela même, un peu vague, n'a pas sur les esprits l'attrait des peintures satiriques, des allusions mordantes, des paradoxes spirituels. Les lecteurs n'aiment pas longtemps un écrivain qui a toujours raison; ils s'impatientent de n'avoir pas à discuter contre lui et finissent par lui reprocher le mérite même d'être irréprochable. D'ailleurs, nous ne sommes plus des Athéniens pour apprécier les délicatesses du style d'Isocrate; nous le sommes toujours pour nous plaindre de sa magistrale monotonie. En dehors du collége et de la Sorbonne, il est fort oublié chez nous. Des gens qui ont à peine le temps d'écouter en passant la forte voix de Démosthène ont encore moins le temps d'aller aux leçons de l'harmonieux rhéteur.

Mais ce n'étaient point là des défaveurs pour Isocrate aux yeux du savant officier qui devait lui consacrer tant d'années studieuses.

D'abord, le grec n'effrayait pas M. de Clermont-Tonnerre; puis, les doctrines d'Isocrate le séduisirent par la conformité singulière qu'il y trouvait avec ses propres sentiments et ses propres pensées.

Quoique bien doué pour l'étude des langues, car il sut de bonne heure le latin, l'italien, l'espagnol, l'anglais et l'allemand[1], il n'avait pu s'occuper du grec dès sa première jeunesse; mais il le devinait et l'aimait avant de le connaître. Une mission qu'il remplit aux îles Ioniennes, en 1807,

______

[1] En 1811, il traduisit de l'allemand, pour M. Ferrand, l'*Histoire de la constitution polonaise du 3 mai* 1791 (2 vol), par Stanislas Potocki. Le comte Ferrand préparait alors son *Histoire des trois démembrements de la Pologne*, qui parut en 1820.

comme aide de camp de Joseph, alors roi de Naples, et, dans ce voyage, les entretiens de M. Pou-
queville avaient augmenté en lui le désir d'apprendre la langue d'Homère; il s'était promis de
ne lire ce poëte que dans l'original, et il tint parole
quatre ans plus tard, étant rentré d'Espagne en
France, et déjà père de famille, déjà maréchal de
camp, ou tout au moins colonel. Son maître de
grec fut Grégoire Georgiadès Zalyk[1], qui lui apprit
à prononcer sa langue comme on la prononce en
Orient. L'exemple m'est bon à noter, en passant,
pour rassurer tant de personnes qui croient, chez
nous, que cette prononciation empêche de sentir
les beautés de l'éloquence grecque. M. de Clermont-Tonnerre ne connut jamais d'autre méthode, et cela n'a fait aucun tort à ses plaisirs d'homme
de goût. Il faut croire même qu'il s'y était atta-
ché par réflexion autant que par habitude, car je
remarque dans un fascicule de ses notes manu-

---

[1] Né en 1785, à Thessalonique, G. Zalyk habitait Paris depuis 1802,
et il avait publié en 1809 un *Dictionnaire français-grec* estimé des connaisseurs. Rappelé à Constantinople, en 1816, pour y occuper un poste
important, il revint mourir, en 1827, à Paris, où sa veuve, qui était
une Française, a publié la traduction qu'il laissait inédite du *Contrat so-
cial* de J.-J. Rousseau. (Voir le Discours d'ouverture du Cours de grec
moderne, par M. Brunet de Presle, dans la *Revue des Cours littéraires*,
du 15 avril 1865.)

scrites le titre d'un mémoire qu'il projetait d'é-
crire *sur la Prononciation grecque.*

Les armées du premier Empire comptaient bon
nombre d'obstinés latinistes, tels que Daru et le
général Dupont; mais les hellénistes y étaient
rares, et Paul-Louis Courier y faisait, à ce titre,
un étrange contraste avec le jeune gentilhomme
qui portait si bien un des plus beaux noms de la
noblesse française. A dire le vrai, les hellénistes
n'étaient pas nombreux alors, même dans l'Uni-
versité, que venait de relever Napoléon; il a fallu
du temps pour renouer chez nous des traditions
qu'une fâcheuse négligence avait interrompues
bien avant 89. L'illustre Boissonade, qui fut un
peu l'ami de Paul-Louis Courier, ne se doutait
pas qu'il y eût alors si près de cet habile homme,
dans l'armée française, un autre connaisseur éga-
lement épris des beautés de la littérature grecque.
Une correspondance, moitié en grec, moitié en
français, de Zalyk avec celui qu'il appelle, dès
1812, soit *mon cher camarade de grec,* soit *aimable descendant des* Κεραυνοφόροι (porte-foudre —
ou porte-*tonnerre*), montre sous des traits naïfs et
touchants l'intimité du maître et du disciple. Des

papiers d'étude, que M. de Clermont-Tonnerre avait soigneusement conservés, achèvent cette confidence. On le voit commencer par copier de sa main et traduire les *Fables* d'Ésope, puis toute la Grammaire de Néophyte Ducas, etc. Ces copies et ces traductions sont déjà de la belle écriture que j'ai tant de fois appréciée et qui, pour les textes grecs, a vraiment un double prix. Dès 1812, le studieux helléniste étend le cercle de ses lectures; il connaît Xénophon, il connaît Thucydide, Lucien, les principaux poëtes; il projette déjà quelque traduction qui soit utile au progrès des lettres grecques en France, et il songe à l'historien Hérodien. Mais Hérodien vient de rencontrer un traducteur dévoué dans M. de Choiseul (sans doute Choiseul-Gouffier, avec qui Zalyk était en intime commerce depuis plusieurs années), et le travail de M. de Choiseul nous est annoncé comme un *petit chef-d'œuvre en son genre*. Je suis la trace de cette amitié entre Zalyk et M. de Clermont-Tonnerre pendant quatre ans au moins, jusqu'aux Cent-Jours. Même pendant ces crises douloureuses de la patrie, le grec n'est pas oublié : trois lettres grecques de Zalyk sont datées de Paris, 16 avril,

12 et 21 mai 1815 ; les nouvelles politiques y tien-
nent une grande place, mais les auteurs anciens
n'y sont pas oubliés.

Dès lors M. de Clermont-Tonnerre lit le grec
aussi familièrement que le français ; Zalyk le loue
même de l'écrire avec élégance. Ce qui est certain,
c'est que ses notes, même ses notes politiques, té-
moignent d'une société journalière avec les écrivains classiques. Il revoit son rapport de 1808 sur
les îles Ioniennes ; il se prépare à en faire un ouvrage pour le public, et, à cette intention, il copie
des extraits d'Homère et de Thucydide ; dans ses
dossiers d'affaires, je remarque souvent des épi-
graphes empruntées aux auteurs grecs. Bien plus,
un cahier de notes, daté du 13 juin 1817, à No-
gent-sur-Seine, contient deux pages de Démosthène, sur les lois athéniennes, en tête d'un projet de mémoire au roi sur la liberté de la presse.
Le nom d'Isocrate ne paraît qu'une fois, et en passant, dans le commerce épistolaire de Zalyk et de
son disciple ; mais on peut s'assurer que de bonne
heure celui-ci distingue et préfère Isocrate parmi
les auteurs qu'il lit avec tant de passion. Un cahier, postérieur seulement de quelques jours à

celui que je citais tout à l'heure, m'offre plusieurs extraits du *Démonicus* et du *Nicoclès* mêlés encore à un projet de rapport au roi sur l'état de la France. J'y vois très-nettement marquée l'alliance étroite et naturelle du publiciste français et du publiciste grec. M. de Clermont-Tonnerre sait gré à cet Athénien des temps de la Grèce libre de juger sans prévention la démocratie athénienne; il lui sait gré d'incliner visiblement en faveur de la monarchie. Hélas! on était bien excusable de n'aimer point la démocratie au lendemain d'une révolution dont elle avait, par ses impatiences et ses excès, compromis les plus légitimes réformes. D'ailleurs, Isocrate là-dessus ne cautionne aucune opinion extrême : son rêve est, pour Athènes, une république gouvernée par les citoyens les plus dignes; pour la Grèce, une sorte de fédération, qui, sous le pouvoir modérateur d'un prince comme était alors Philippe de Macédoine, pût protéger contre les rois de Perse, par une défensive habile, et, au besoin, par une offensive hardie, les intérêts helléniques, c'est-à-dire la cause même de la civilisation. La suite des événements semble avoir prouvé que ce rêve n'était pas d'une méchante politique.

Mais ce que M. de Clermont-Tonnerre aimait surtout à retrouver dans Isocrate, c'est ce fond de vérités invariables sur lesquelles reposent la politique et la morale, quelle que soit la forme des gouvernements et des institutions civiles; c'est ce noble esprit de patriotisme que l'école socratique entretenait dans les cités grecques, qui n'empêcha pas leurs discordes, mais qui en atténua les effets désastreux, qui survécut aux misères de la Grèce devenue esclave des Romains, qui maintint obstinément chez elle le culte des arts et une certaine indépendance de la pensée, et qui, à travers tant d'épreuves, a pourtant perpétué jusqu'à nous l'invincible vitalité de ce petit peuple.

Bossuet avait senti cela, et il l'a dit avec une équité supérieure. « Ce que fit la philosophie pour « maintenir l'état de la Grèce n'est pas croyable. « Plus ces peuples étaient libres, plus il était né- « cessaire d'établir par de bonnes raisons les rè- « gles des mœurs et celles de la société. Pytha- « gore, Thalès, Anaxagore, Socrate, Archytas, « Platon, Xénophon, Aristote, et une infinité « d'autres, remplirent la Grèce de ces beaux pré-

« ceptes. Il y eut des extravagants qui prirent le
« nom de philosophes ; mais ceux qui étaient sui-
« vis étaient ceux qui enseignaient à sacrifier l'in-
« térêt particulier et même la vie à l'intérêt géné-
« ral et au salut de l'État, et c'était la maxime la
« plus commune des philosophes, qu'il fallait ou
« se retirer des affaires publiques ou n'y regar-
« der que le bien public. »

Après un tel jugement, le meilleur des chré-
tiens pouvait se sentir à l'aise en admirant dans
Isocrate le représentant le plus pur et le plus élo-
quent d'une morale éternellement vraie. Chrétien
par tradition de famille, par conviction person-
nelle, presque par nature, M. de Clermont-Tonnerre, grâce à un don, naturel aussi, de modération et d'impartialité, ne cherchait pas à isoler le
christianisme en exagérant les différences qui séparent ses doctrines des doctrines purement phi-
losophiques. Assidu lecteur des grands écrivains
de l'antiquité, il allait même, dans sa vieillesse,
jusqu'à en rapprendre par cœur les plus belles
pages, se complaisant à y reconnaître les principes de morale par où ils se rapprochent le plus
de l'Évangile ; et parmi ces grands écrivains, Iso-

crate, au premier rang, lui semblait comme une
sorte de chrétien anticipé, à qui avait manqué seulement un rayon de la lumière évangélique. Voilà
pourquoi il lui souhaitait et il voulut lui assurer
plus de lecteurs, en recommençant, après un siècle, l'œuvre insuffisante et demeurée obscure de
l'abbé Auger, le seul traducteur qui eût essayé
jusqu'ici de nous donner tout Isocrate en français.

Comment le nouvel interprète a-t-il réussi? je
l'ai dit ailleurs en termes qui me dispensent peut-
être d'apprécier ici le succès littéraire de cette
délicate et laborieuse entreprise[1], et j'aime mieux
insister sur ce qui n'a pu en être achevé, sur le
commentaire, demeuré inédit, qui devait accom-
pagner la traduction française.

Commenter Isocrate, ce ne fut et ce ne pouvait
être, pour M. de Clermont-Tonnerre, discuter les
leçons douteuses du texte, ou bien y éclairer, par
des témoignages parallèles, les faits trop rapidement indiqués et les allusions obscures. Il estima
beaucoup le genre de service que rendent les phi-
lologues aux chefs-d'œuvre de l'antiquité; il se
proposait d'apprécier, sous ce rapport, dans une

---

[1] *Journal des Savants*, juillet 1864. On trouvera ces pages reproduites
en Appendice p. 49.

notice spéciale, les divers éditeurs d'Isocrate. Mais il croyait cet auteur assez éclairci par le travail des critiques de profession, et il voulut le commenter en homme d'État et en père de famille.

L'usage s'est un peu perdu aujourd'hui de ces commentaires dont Machiavel a laissé un immortel exemple dans ses *Discours sur les Décades de Tite-Live*. Les littératures modernes sont devenues si riches par elles-mêmes, qu'elles nous laissent moins de temps pour étudier à fond les grands monuments de la pensée antique : c'est déjà beaucoup si nous en pouvons prendre une connaissance rapide ; mais le loisir nous manque pour suivre les développements d'un long commentaire politique, eût-il même pour sujet Aristote ou Cicéron. Isocrate, qui n'est pas un esprit très-fécond, qui retourne déjà sa propre pensée sous maintes formes et sans cesse cherche à la produire sous un jour nouveau, Isocrate, qui, à dire vrai, se commente lui-même d'un livre à l'autre, se passe d'autant mieux de commentateur. Toutefois, comme le monde a marché depuis Philippe jusqu'à Napoléon, l'expérience des siècles, contredisant tour à tour ou confirmant les leçons du publiciste athénien, fournit au philosophe une ample matière de réflexions utiles.

J'ai sous les yeux ce qui reste des réflexions de M. de Clermont-Tonnerre sur Isocrate et des matériaux qu'il amassait pour éclaircir par de nouveaux rapprochements historiques les préceptes de son auteur. Il y a là de simples notes ; il y a des brouillons de chapitres inachevés ; il y a des chapitres mis au net. Mais ces derniers même portent souvent à la marge une note qui témoigne que l'auteur se proposait de les revoir avant de les livrer à l'impression. C'est assez dire avec quelle réserve on doit apprécier celles même de ces pages qui semblent le plus près de leur forme définitive. On n'en pourra donc marquer ici que les caractères les plus généraux ; on craindrait de livrer indiscrètement au public telle pensée que l'auteur n'avait pas assez mûrie pour la lui soumettre. Isocrate interprété par un philosophe chrétien, Isocrate traité par lui comme un Père de la philosophie païenne, ainsi qu'il y a des Pères de l'Église, offert aux particuliers et aux peuples, aux généraux et aux princes, comme un maître encore bon à écouter, même après deux mille ans, malgré la distance des lieux, malgré la différence des religions et des mœurs, c'est là vraiment une lecture instructive et piquante. Les observations utiles y abondent; l'histoire ancienne et l'histoire moderne y sont, à chaque page, éclairées l'une par l'autre, rapprochées le plus souvent sans effort, quelquefois néanmoins, sur des apparences qui séduisent trop facilement l'esprit, d'ailleurs si judicieux, du commentateur. Par exemple, l'expédition de Darius contre les Scythes n'a qu'un rapport bien éloigné avec notre fatale campagne de 1812 contre la Russie. A plus forte raison, la guerre de Troie et le rapt d'Hélène, qui ont pu fournir des arguments à Isocrate ou même à Horace sur le danger que font courir aux peuples les fautes de leurs princes, sont aujourd'hui pour nous des leçons d'une médiocre autorité. Je comprends que M. de Clermont-Tonnerre se défiât un peu de lui-même à cet égard, et qu'il se réservât de contrôler encore une fois ces digressions trop complaisantes. Un parallèle entre Philippe de Macédoine et Henri IV, un autre parallèle entre les guerres de Louis XIV et celles de Napoléon Ier, eussent été sans doute abrégés dans la dernière révision. Tout cela sent un peu son Plutarque. Moraliser ainsi, à propos de la fable comme à propos de l'histoire, nous semble aujourd'hui d'une méthode peu rigoureuse. Mais chez notre helléniste, comme chez Plutarque, cette méthode se fait pardonner ; mieux que cela, elle se fait aimer par la sincérité des intentions et par une bonhomie de langage où se reflètent les meilleures qualités de l'âme. On en jugera par deux morceaux que j'extrais, presque au hasard, du manuscrit inachevé.

« Isocrate remarque ici (c'est dans le *Discours*
« *panégyrique*) que, pour des hommes loyaux et
« honnêtes, il n'était pas nécessaire d'accumuler
« les écritures, et il signalait ainsi la multiplicité
« des pièces comme un indice de la décadence des
« mœurs et de la probité publique. Aujourd'hui,
« il en est de même parmi nous, et c'est un ob-
« jet de plainte universelle. Les uns y voient un
« surcroît de travail et de dépense dont ils vou-
« draient s'affranchir et affranchir la société ; les
« autres y voient des entraves dont ils voudraient
« se sentir soulagés. L'homme politique y voit
« avec douleur un signe d'affaiblissement des

« principes de probité et de morale... On multi-
« plie les écritures, c'est-à-dire les contrôles, pour
« rendre la fraude matériellement impossible; on
« cherche pour ainsi dire *à matérialiser la pro-*
« *bité ;* enfin on demande depuis longtemps, mais
« on demande vainement, de simplifier les écri-
« tures, parce qu'on demande une chose que
« l'état des mœurs ne comporte pas. » Que je
comprends ces plaintes d'un homme d'État éprouvé
par les ennuis d'une administration paperassière,
et comme il les eût répétées avec plus de confiance, s'il s'était souvenu alors qu'on les retrouve,
après Isocrate, chez Polybe[1] et chez Cicéron[2]!
Avec quel intérêt il aurait lu un document alors
inédit de notre musée du Louvre, où s'étalent
minutieusement les précautions du fisc ptolémaï-
que, en matière d'adjudication publique, contre la
mauvaise foi des vendeurs, des acheteurs et des
employés de toute classe[3]!

Dans un long morceau *sur la Politique de pré-*

[1] *Histoires,* VI, 56, § 13.

[2] *Plaidoyer pour Flaccus,* c. 19.

[3] Ce document vient de paraître, avec le texte des autres papyrus
grecs du Louvre et de la Bibliothèque impériale, dans le XVIIIe volume
des *Notices et extraits des manuscrits,* que publie l'Académie des in-
scriptions et belles-lettres.

voyance, morceau composé à propos du *Discours* d'Isocrate *à Philippe*, M. de Clermont-Tonnerre écrit : « On reproche, et non sans raison, à Phi-« lippe de Macédoine d'avoir appelé la corruption « à l'aide de sa politique; mais il faut aussi en « accuser le temps où Philippe a vécu. A cette « époque, l'or de la Perse avait déjà, et depuis « longtemps, corrompu la Grèce, et c'est une « grande question, lorsque les hommes se font « marchandise (qu'on nous pardonne l'expres-« sion), de savoir jusqu'à quel point il est dé-« fendu ou permis à un chef d'État ou d'armée « de les acheter pour procurer à son pays un « grand avantage, le préserver d'un grand mal-« heur, épargner le sang de ses sujets ou celui « de ses soldats. » Et sans prétendre « traiter « philosophiquement cette grave question, » il cite Henri IV, « qui n'eut pas de scrupule à employer « l'or quand il trouvait des consciences vénales. » C'est bien là le cri d'une âme loyale, qui voudrait ne pas excuser certains procédés trop communs dans la pratique des grandes affaires de ce monde.

La Politique de prévoyance! Devant ce titre d'une digression où le commentateur avait ap-

porté un soin tout particulier, comment ne pas
se rappeler le rapport adressé, le 14 octobre 1827,
au roi Charles X par son ministre de la guerre,
rapport qui concluait « à terminer d'une manière
utile et glorieuse pour la France » nos hostilités,
depuis longtemps trop réelles, avec Alger? Ce
fut assurément une. des plus justes et des plus
fécondes pensées de M. de Clermont-Tonnerre, et
il est bien regrettable que l'exécution en ait été
ajournée. On ne lit pas aujourd'hui sans émotion
ce beau rapport, qui expose tout le détail de l'entreprise projetée, avec les avantages qu'elle pro-
mettait pour notre force et notre honneur au dehors, pour notre sécurité au dedans. C'était bien
de la politique prévoyante que cette résolution
d'ouvrir une large voie à nos besoins d'activité
militaire et à nos inquiétudes passionnées, de donner une satisfaction aux défiances de l'opinion
publique et de ne paraître devant une nouvelle
Chambre des députés que « les clefs d'Alger à la
main [1]. » La France ne saurait oublier ce qu'elle
doit au véritable auteur du projet suivi de point

---

en point deux ans plus tard. Quant à moi, simple critique et simple historien des lettres anciennes, j'ai bien le droit de noter, à l'honneur de nos études, quelle part ont eue dans la conception de ce projet les leçons de la politique grecque, et il ne m'est pas indifférent d'en retrouver la preuve jusque dans les notes que, durant sa longue retraite, M. de Clermont-Tonnerre ajoutait à une copie de son rapport.

L'empreinte particulière du génie et du style socratiques se retrouve, à des degrés divers, dans les rares écrits que M. de Clermont-Tonnerre a laissés ou fait imprimer en dehors de sa traduction d'Isocrate [1] : partout une certaine sérénité de sentiments, jusque dans les discours polémiques, une certaine ampleur de diction correcte et sans sail-

---

[1] Session de 1817, Opinion de M. le marquis de C.-T. sur le projet de loi relatif à l'achèvement du canal de l'Ourcq. — Session de 1818, Rapport fait à la Chambre des pairs, au nom de la Commission spéciale chargée de l'examen d'une proposition tendante à l'entière abolition du droit d'aubaine et de détraction. Résumé sur ladite proposition. — Session de 1824, Discours de M. le Ministre de la marine en réponse à M. Benjamin Constant sur le chapitre XI du budget de son ministère. — Chambre des pairs, session de 1825, Discours prononcé à l'occasion de la mort de M. le comte Ferrand, hommage plein d'effusion à la mémoire d'un vieil ami, qu'il vénérait comme un père, et dont on rapprochera naturellement la touchante *Notice biographique* sur Élie-Louis-Aymar, marquis de Dampierre (Paris, 1845).

lie. Rechercher l'éclat bruyant des phrases lui eût semblé d'un écrivain trop peu confiant dans le bon droit de la cause qu'il soutenait; le moindre écart de passion lui était suspect; il craignait que la raison n'y perdît quelque chose de sa rectitude et que le cœur surtout n'y oubliât son devoir de modération, presque de charité, envers un adversaire. Avec de tels scrupules, on n'atteint pas aux grands effets de l'éloquence dans les questions personnelles; mais, sur les questions d'intérêt général, cette façon discrète et grave de parler ne manque ni d'autorité ni de charme. J'en reçois une vive impression en lisant le Rapport que fit M. de Clermont-Tonnerre, en 1819, devant la Chambre des pairs sur le *droit d'aubaine,* et qui décida la suppression de ce dernier vestige d'un abus antique : avec un peu moins d'élégance, c'est de l'Isocrate en français. Le style a le juste et ferme accent qui convient aux doctrines qu'il exprime. Je ne sais si cette teneur de langage eût été propre à vaincre les résistances d'une assemblée décidément hostile au projet du gouvernement; mais elle suffisait à diriger et à raffermir des consciences hésitantes, à les convaincre sans effort en achevant de les éclairer. Si Athènes avait eu jamais un Sénat, au sens moderne de ce mot, une Chambre des pairs, Isocrate y aurait pu obtenir des succès comme celui-là.

En général, la méthode de l'helléniste homme d'État n'a jamais varié. Je puis, durant un demi-siècle, en suivre l'application dans ses notes, dans ses projets de rapport ou de discours, dans ses réflexions sur les événements de chaque jour, volumineux recueil de manuscrits qu'a bien voulu m'ouvrir la confiance de sa famille, mais où j'ai dû me borner à des excursions rapides et discrètes : c'est partout le même soin à interroger l'histoire, bien entendu celle des peuples classiques, depuis la Bible jusqu'à Mézeray, pour y trouver des arguments en faveur des vérités qui doivent diriger la conduite des hommes d'État. Le sujet qui revient le plus souvent dans le commentaire sur Isocrate est celui que je retrouve à chaque page des écrits antérieurs, de ceux qui étaient le moins destinés à l'impression : je veux dire la théorie d'une monarchie fondée sur le respect de la tradition, la théorie religieuse et politique de Bossuet, avec quelques amendements suggérés par les leçons du temps. Sur l'autorité du peuple et du vote populaire, en matière de gouvernement, les convictions du commentateur sont celles d'un politique libéral, mais dont le libéralisme faisait peu de concessions à l'esprit des sociétés modernes. Il demande au prince d'avoir toutes les vertus, de donner, en tout, le bon exemple; il lui conseille même de voir dans la juste liberté d'un corps de noblesse un *point d'appui* et non pas un *obstacle* pour son gouvernement; il veut que le gouvernement tienne grand compte de l'opinion publique, qu'il cherche et qu'il trouve sa plus haute et sa plus douce récompense dans la reconnaissance, dans l'affection unanime des peuples. Mais enfin il ne le conçoit pas soumis à l'inconstance des volontés de la foule; il lui cherche en dehors de cette mobilité une règle d'action, une garantie supérieure d'indépendance et d'autorité.

Ces principes trouvèrent un jour l'adversaire le moins prévu pour M. de Clermont-Tonnerre dans un autre admirateur d'Isocrate, incident qui jeta une certaine émotion dans le calme habituel de ses études sur le publiciste athénien, et qui vaut la peine que je m'y arrête quelques instants.

Un des critiques les plus distingués qui s'occupent chez nous de littérature ancienne venait d'écrire, au sujet d'Isocrate, des considérations très-pénétrantes et très-fines, mais empreintes d'une grande confiance dans les principes et dans l'avenir de la démocratie[1]. Par un échange de courtoisie entre le critique et le traducteur d'Isocrate, cette *Étude* de M. Havet fut offerte au duc de Clermont-Tonnerre, comme celui-ci offrait à M. Havet le premier volume de sa traduction. On devine quelle impression durent faire sur le duc les réclamations du démocrate moderne contre la doctrine un peu aristocratique du célèbre rhéteur. J'en relève le témoignage dans les notes manuscrites que j'ai sous les yeux. L'*Étude sur Isocrate* y est analysée avec un soin tout consciencieux ; elle y est çà et là réfutée avec une insistance qui, de la part du noble traducteur, a toute la valeur d'un hommage rendu au talent et à l'honnêteté de son adversaire. A lire ces pages,

---

[1] Publiées d'abord dans la *Revue des Deux Mondes,* puis réimprimées avec de nouveaux développements, en tête de la traduction française de l'*Antidosis* d'Isocrate, par M. A. Cartelier. (Paris, 1862, in-8o.)

on se figure, en vérité, Isocrate se défendant lui-même. Il ne lui suffit pas qu'on admire son excellente morale, sa belle méthode de style, son art profond de l'harmonie oratoire; il veut que l'on reconnaisse la justesse de ses vues politiques, il se défend surtout d'avoir été la dupe de Philippe. A l'entendre, cette idée de prendre Philippe pour généralissime des cités helléniques n'est pas un expédient offert par quelque maître d'école aux Grecs en détresse; c'était la véritable solution des difficultés où s'agitaient alors tant de nations intelligentes et généreuses. Isocrate dupe du roi Philippe! c'est plutôt Philippe qui devait l'être d'Isocrate : en se faisant l'ami du Macédonien, l'habile rhéteur le désarmait de tout ce que sa puissance et son ambition avaient d'hostile à l'honneur d'Athènes et à ses intérêts, etc. Rien de plus curieux que ce duel entre deux convictions très-vives, mais qui se gardent un mutuel respect. Une seule fois le ton s'élève chez M. de Clermont-Tonnerre. C'est à l'endroit où M. Havet écrit que « le vrai malheur d'Athènes, non plus que d'au- « cune autre cité antique, n'a pas été d'aller jus- « qu'à la démocratie, mais plutôt de n'y pas at-

« teindre. » L'Isocrate français a frémi en trans-
crivant cet axiome, et il répond : « Il n'y a pas
« de vraie démocratie, et le jour où l'on y touche
« donne la tyrannie le lendemain. » Vous sentez
l'homme de grande race, qu'on a blessé au cœur
et qui met la main à son épée. Mais je m'assure
que ces traits-là n'eussent pas gardé toute leur
pointe dans la rédaction définitive du commentaire. Le duc de Clermont-Tonnerre eût bien vite
remis l'épée au fourreau pour tendre la main à
son adversaire et le convier à une paisible discus-
sion. Les saillies de pensée et de langage comme
celle dont j'ai trahi le secret sont très-rares dans
les pages que j'ai parcourues. En général, le philosophe chrétien y domine par sa douceur le vif
champion de la monarchie héréditaire et de l'a-
ristocratie. Il sait que la meilleure façon de convaincre n'est pas d'affirmer thèse contre thèse.
Sa méthode, à lui, est d'insinuer doucement la
vérité qu'il professe, de l'établir par un raisonnement où la tradition et l'expérience ont plus de
part que les principes abstraits. Rien n'y sent
l'effort d'une logique hautaine comme est celle
d'un Montlosier ; tout y respire la confiance d'une

âme vraiment pieuse, qui a toujours vu clair aux choses de la vie, toujours compris son devoir et toujours su le remplir. Il eut constamment cette éloquence qui parle au cœur, et qui vaut mieux que la plus habile dialectique; il plaida surtout par l'exemple de sa vie.

A l'observer, en sa vieillesse calme et sereine, à voir son limpide regard, on devinait que, si de grandes douleurs avaient déchiré son âme, nulle mauvaise passion ne l'avait jamais troublée : cette paix-là n'était pas celle qui succède aux orages; ce n'était que la dernière phase d'une existence toujours paisible au fond, malgré les agitations du dehors, parce qu'elle avait été toujours honnête. On m'assure, et je le crois sans peine, que l'indiscrétion des anecdotiers, si haut qu'elle remontât, n'y trouverait pas matière à la plus petite médisance. J'ai sous les yeux des notes conservées par hasard dans ses papiers d'affaires, des souvenirs recueillis par une mémoire tendrement dévouée, mais aussi scrupuleuse que dévouée : on sent que c'est de l'histoire prise à sa source, et à sa source la plus pure. Ces notes m'aident à remonter aux premières années de M. de Cler-

mont-Tonnerre; j'y vois que son enfance déjà fut
sage et forte au milieu d'épreuves vraiment étran-
ges, que sa jeunesse connut les dévouements pé-
rilleux, qu'à l'âge où l'on a tant besoin de conseils c'est lui qui donnait des conseils à de jeunes
amis et qui leur apprenait à les mettre en pratique.

Partant pour l'émigration, d'où il ne devait re-
venir qu'après la dispersion dernière de l'armée
de Condé, son père le laisse en France à la garde
d'un précepteur et sous la tutelle d'une famille
amie. Par de brusques retours de la fortune, il se
trouve que l'enfant, bientôt, devient le protecteur
de ceux qui devaient le protéger. La comtesse de
Gondrecourt, chez qui demeurait le jeune Aimé-
Marie-Gaspard, est tout-à-coup jetée en prison,
laissant au château de Cousances une famille dé-
solée, dont l'unique chef se trouvait une gracieuse
fille de seize ans. Aimé-Marie-Gaspard, plus jeune
lui-même que Mlle de Gondrecourt, n'hésite pas à
faire en son nom toutes les démarches, toutes les
sollicitations qui peuvent adoucir le sort de ses
parents : c'est lui qui rédige les placets, va sup-
plier messieurs les terroristes de Nancy, émeut

leurs femmes par la naïveté de son courage et de sa précoce intelligence, et le *petit citoyen*, comme on l'appelle alors, réussit où de plus gros personnages auraient échoué.

Quelques années plus tard, voici ce que nous apprend une note écrite sur de grossier papier par son vieux domestique : *Le* 29 *juillet* 1797 *ou le* 11 *thermidor an cinquième, M. Aimé de Clermont-Tonnerre s'est jeté à l'eau et en a sauvé un homme qui se noyait.* Le sauveur avait alors dix-huit ans; de peur d'inquiéter son précepteur, il avait si bien caché cette escapade, qu'il faillit l'oublier lui-même, et que, sans la note accusatrice, personne des siens n'en saurait rien aujourd'hui.

Il n'y a pas, je crois, un général de division, pour illustre qu'il fût, qui n'aimât voir un tel souvenir consigné en tête de ses états de service.

Séparé pendant quelque temps du précepteur qui, comme on le voit, n'avait pas tous ses secrets, le jeune de Clermont-Tonnerre continue sans aide le cours de ses études, et cela ne l'empêche pas d'entrer en bon rang à l'École polytechnique, où il réussit assez bien pour être, à sa

sortie des bancs, nommé répétiteur de mathéma-
tiques.

C'est vers ce temps (1801) qu'il adressait à un
jeune camarade une lettre pleine de sages avis, où
on lit, après des recommandations diverses, la
belle page que voici et que j'aime à transcrire :

« Je t'exhorte enfin, mon ami, et c'est ici surtout
« que j'invoque tout ce que le sentiment qui t'at-
« tache à moi peut avoir de plus tendre et de plus
« persuasif, je t'engage à repousser de ton âme
« cette fausse honte de ne pas faire et penser
« comme les autres, dont peut-être déjà tu as été
« victime. Celui qui veut suivre la foule y demeure,
« s'y trouve bientôt confondu, et ce n'est que par
« une conduite ferme et sage, fondée sur des prin-
« cipes religieux et moraux, ce n'est qu'en mépri-
« sant l'ironie affectée dont le vice irrité et jaloux
« se couvre et s'arme à la fois pour ébranler la
« vertu, qu'on peut s'élever au-dessus des autres
« et se frayer une route à la considération géné-
« rale. Sois exact à tes devoirs, respectueux pour
« tes supérieurs, prévenant pour tes camarades ;
« mais n'oublie pas un instant que tu te dois tout
« entier à la religion dans laquelle tu es né et

« pour laquelle ton père a donné sa vie sur un
« échafaud. »

Quel langage de la part d'un officier de vingt-
deux ans! *Celui qui veut suivre la foule y demeure,* noble devise d'une aristocratie qui pré-
tend soutenir ses titres par de mâles vertus, et
quel dommage que la noblesse française n'ait pas
eu toute une armée de tels soldats, pour honorer
et défendre, en 1789, la monarchie régénérée par
des institutions libérales! Monge, à l'École polytechnique, et, plus tard, le général Mathieu Du-
mas furent bien inspirés, sans doute, en attachant
pour toujours au service de la France nouvelle
des cœurs tels que celui de M. de Clermont-Tonnerre.

Ce que le jeune officier pensait et disait en
1801, il le pensait et le disait soixante ans plus
tard, après tant d'épreuves, de fortunes diverses,
où la règle de la vie n'avait pas un instant fléchi
sous sa main : c'est avec la douce autorité de
l'affection et d'une longue expérience qu'il rame-
nait à la religion un vieillard, ancien compagnon
de ses travaux, atteint de bonne heure par les
doutes qui tourmentent notre siècle.

Ces souvenirs, que je pourrais multiplier, et de
sa vie intérieure et de sa vie au dehors, n'émeu-
vent pas, à la façon des grands drames, par la
vivacité des contrastes et par l'éclat des péripéties.
Une raison qui se trouva mûre dès le premier
éveil de la réflexion et qui prévint tous les écarts
d'une précoce indépendance; un mérite qui n'eut
que de justes ambitions, qui ne rechercha point
le pouvoir, l'exerça simplement et le quitta de
même; une vieillesse qui voulut toujours être
utile et qui garda de l'activité publique tout ce
qui n'était pas inconciliable avec des convictions
fermement légitimistes; en un mot, cette teneur
d'une vie toujours droite n'offre point matière,
peut-être, pour quelque biographie à la manière
de Plutarque. Elle est assez belle encore pour
qu'on y souhaite à peine un surcroît d'honneur
et d'éclat. N'y mettons pas ce que la Providence
n'y a point mis, l'intérêt des luttes solennelles et
bruyantes; n'y mettons pas ce qu'une conscience
sévère en a constamment écarté, la lutte orageuse
des passions : il y restera encore le plus durable
intérêt, celui d'une parfaite unité dans la re-
cherche et dans la pratique du bien.

On retrouve ce fond de constante sagesse et cette élévation habituelle de pensée dans quelques réflexions, soit écrites de la main du bon vieillard, soit, et plus souvent, recueillies par sa famille dans les confidences de l'intimité. Qu'il me soit permis d'en extraire quelques lignes.

« Nous ne jugeons que par comparaison : pour « comparer il faut une mesure commune. Voilà « pourquoi, lorsqu'il s'agit de l'infini, nous ne « pouvons plus juger, parce que l'infini n'a de « mesure commune avec rien de ce qui existe. — « Quand on ne peut ni comparer ni juger, il « faut croire.

« Si je n'avais pas la foi dans le cœur, je la « trouverais dans ma raison, à cause de tout le « bien qu'elle a fait.

« Je demande à Dieu de me priver de ma rai- « son plutôt que de permettre que j'en fasse un « mauvais usage.

« Que ceux qui ne mettent pas Dieu au milieu « de leurs plus tendres affections se privent d'une «grande douceur ! On s'aime si bien quand on « s'aime en Dieu ! »

Et enfin ce témoignage d'une tendre reconnais-

sance pour les soins dont sa vieillesse était en-
tourée et qui aujourd'hui s'attachent pieusement
à sa mémoire :

« Le vieillard, qui vit de souvenirs, est heureux
« quand il peut penser que le temps de sa vie
« active a été rempli par des actions utiles, et que
« chacun s'empresse par ses soins à lui payer le
« prix de sa bienveillance passée. »

Ici encore, on remarquera l'heureuse ressem-
blance, j'ai presque dit l'heureuse parenté d'Isocrate et de son interprète français. On ne sait pas
si jamais Isocrate fut jeune d'esprit et de langage;
on ne le connaît que déjà en possession de toutes
les vertus de sa morale et de son talent. La chro-
nique du temps dit qu'il eut quelques faiblesses;
il n'en reste plus la moindre trace en ses écrits,
car je ne compte pas comme un aveu qui lui fasse
tort cet *Éloge d'Hélène,* charmant badinage d'un
Grec amoureux de la beauté idéale, d'un écrivain,
artiste entre tous, qui avait pu connaître Phidias
et fréquenter l'atelier de Praxitèle. L'œuvre d'Isocrate, telle que nous la connaissons aujourd'hui
(et il s'en est perdu peu de pages), nous le repré-
sente comme un personnage toujours grave et

décent, toujours préoccupé des plus sévères intérêts de la vie, fidèle à ses amis, courtois envers ses ennemis jusqu'à les attaquer en termes
si vagues qu'on a peine aujourd'hui à les reconnaître aux traits par où il nous les désigne, justement fier de la nombreuse clientèle que ses ta-
lents lui avaient assurée parmi la meilleure société
d'Athènes et de la Grèce, mais tournant toute
sa popularité au bien public par la défense des
idées qui font la force et l'honneur d'une grande
nation.

Voilà ce qui avait soutenu M. de Clermont-
Tonnerre durant ce quart de siècle pendant le-
quel il s'était fidèlement occupé d'Isocrate. Bien
d'autres occupations l'en avaient distrait; rien ne
l'en avait découragé. Au contraire, il semblait que
chaque événement de notre vie publique, chaque
nouveau devoir que la famille, que l'amitié, que
la patrie lui venait apporter, le ramenât vers son
auteur favori. Tout lui était une raison nouvelle
d'apprécier les conseils du moraliste grec. La religion seule dominait pour lui cette prédilection
fidèle, mais elle la dominait sans l'affaiblir. Dans
un cœur généreux et dans un esprit droit il y a

place pour tout ce qui est bon; dans une vie
bien réglée, qui fuit les distractions frivoles, il y
a place pour toutes les occupations sérieuses. Ni
la mort, avec ses coups imprévus et terribles, qui
dépeuplent le foyer domestique, ni les révolu-
tions, qui bouleversent les fortunes et déplacent
les grands pouvoirs, n'interrompent l'activité du
sage : il sait toujours où l'employer pour le bien
de ses semblables. Au milieu des soucis et des
labeurs consciencieux du ministère, M. de Clermont-Tonnerre était resté un père très-attentif à
la discipline morale de sa famille; il avait trouvé
du temps pour prendre lui-même une grande part
à l'éducation de ses enfants, qui l'en ont tous
noblement récompensé. Rendu à la vie privée, il
n'y sentit pas cette amertume de l'inaction, souvent si cruelle aux hommes nés pour les affaires
publiques, et qui s'en sont fait une impérieuse
habitude; son dévouement ne put que changer
d'objet, sous une inspiration qui ne changea pas.
La dissolution du cabinet de Villèle l'écarta des
conseils du gouvernement. La révolution de 1830,
qu'il avait prévue, en l'éloignant plus encore de
la politique active, lui laissa beaucoup de services

à rendre dans le cercle plus étroit où elle l'enfer-
mait; elle assura plus de loisirs à son goût pour
les lettres. Les événements de 1848 ne l'ont pas
découragé un instant.

L'arrondissement d'Évreux, où il passait la plus
grande partie de sa vie, eut des intérêts à défendre, lors de la construction du chemin de fer
de l'Ouest; M. de Clermont-Tonnerre s'y dévoua,
et il eut le bonheur de voir son dévouement récompensé par le succès et par un surcroît d'es-
time publique.

La petite commune de Glisolles, qu'il ne quittait
plus depuis longtemps, et où il est mort, lui était,
à elle seule, un sujet d'activité constamment cha-
ritable. Toute solennité religieuse, tout anniver-
saire notable, y devenait l'occasion d'une fonda-
tion bienfaisante. Il n'était pas même besoin
d'occasions, et chaque jour avait son œuvre utile.
Mais à l'ordinaire, et surtout dans les dernières années, Isocrate avait la plus large part
dans ces journées si pleines de douces pensées et
de bonnes œuvres. Poursuivi, repris, corrigé sans
cesse avec d'infinis scrupules de conscience, re-
tardé même par suite de maint appel au jugement

des connaisseurs[1], le travail n'eût pas abouti, si l'auteur, renonçant à remplir tout le cadre qu'il s'était tracé d'abord, n'eût enfin résolu de livrer son manuscrit à l'impression : nouveau travail, plein de difficultés délicates pour un vieillard de quatre-vingts ans. Mais ce vieillard avait la vue bonne, l'esprit toujours ferme et sévère pour lui-même. Puis, il ne surveillait pas seul la correction des épreuves. Isocrate, il faut bien que je le dise, au risque de trahir une modestie que je respecte, avait deux amis au manoir de Glisolles. Les corrections que préparait, à Paris, un philologue habitué à cette besogne[2], étaient soigneusement revues, à Glisolles, par le traducteur avec l'aide d'une compagne qui, cinquante années durant, aura partagé toutes ses joies, toutes ses douleurs, et jusqu'à ses plus austères occupations. Pas une phrase, pas un mot du texte qui ne fût plusieurs fois rapproché de la traduction ; les moindres ob-jections de la critique étaient examinées avec une

---

[1] Parmi ces connaisseurs nous aimons à mentionner ici un linguiste éminent, M. Adolphe Regnier, notre confrère à l'Institut.

[2] M. Boissée, continuateur de la traduction française de Dion Cassius jadis commencée par M. E. Gros, et dont le neuvième volume vient de paraître.

attention religieuse. Je puis attester jusqu'où al-
laient la déférence et presque la docilité du vieil
helléniste à l'égard d'un jeune confrère, combien
grande était sa joie d'avoir pu corriger la plus lé-
gère faute et témoigné par là de son respect envers le public, de son amour pour la vérité.

C'est ainsi que s'acheva, en trois ans, ce qui
devait s'achever de ce long et difficile travail. Le
poids de l'âge se faisait peu à peu sentir; il ne
fallait plus songer au labeur qu'auraient demandé
la rédaction définitive et la publication des notices
accessoires et du commentaire. C'était beaucoup
déjà d'avoir pu mener à bonne fin la partie es-
sentielle de l'ouvrage ; c'était beaucoup que le
traducteur pût présenter au public cet enfant
chéri de sa vieillesse. La traduction d'Isocrate fut
accueillie avec beaucoup de faveur; le duc de
Clermont-Tonnerre reçut avec une joie profonde,
mais toujours modeste, les hommages que lui valurent ces trois beaux volumes. Il y a surtout un
succès qu'il avait fort désiré et qui le flatta vi-
vement, ce fut de voir son livre mis au nombre
des ouvrages donnés en prix pour le concours
général de nos lycées. On dit qu'Isocrate, parmi

les maîtres de l'antiquité, introduisit, le premier, l'usage de donner des prix aux meilleurs de ses élèves [1]; or il se trouve que la collection de ses écrits est du petit nombre des livres que l'on peut mettre, sans en rien retrancher, entre les mains de la jeunesse, et il est touchant de voir un ancien ministre des rois de France ambitionner l'honneur de mettre un Isocrate français aux mains de nos lauréats universitaires.

Arrêtons-nous sur ce trait d'une simplicité qui a bien sa grandeur. Il achève la figure de l'homme irréprochable dont la vie entière fut une leçon d'honneur sans faste, de bonté sans faiblesse, de dévouement scrupuleux à tous ses devoirs, aux plus humbles comme aux plus élevés.

La vieille société française se transforme rapidement sous nos yeux, et chaque jour diminue le nombre de ses représentants. L'avenir peut-être n'accomplira pas quelques-unes des plus chères espérances du duc de Clermont-Tonnerre; j'espère qu'il trompera ses tristes appréhensions

[1] Voir là-dessus le témoignage du rhéteur Ménandre, dans la collection des *Rhetores græci* de Walz, t. **XI**, p. 262.

sur le sort de notre patrie. Quelques nouveautés que l'avenir nous prépare, puisse du moins ne s'affaiblir jamais en nous le respect pour les vertus austères et pour les convictions généreuses! A ces titres, le vieux soldat (comme il s'appelait lui-même), le vieux soldat devenu helléniste par amour du beau et de la tradition antique, l'homme d'État devenu traducteur d'Isocrate par patriotisme, mérite une place distinguée dans l'histoire de notre temps. Parmi les hommes restés fidèles au génie de l'ancienne France monarchique, il en est peu, je crois, dont le caractère ait plus approché de la perfection morale permise à notre faiblesse. Ses exemples sont pleins d'une douce autorité; son amitié reste un soutien, même après la mort, pour ceux qu'elle a honorés; on se sent meilleur pour l'avoir connu.

APPENDICE [1]

. . . .

J'ai dit plus haut qu'Isocrate n'avait été jusqu'ici traduit qu'une seule fois en entier dans notre langue. Nous en posséderons bientôt une traduction nouvelle et tout à fait complète, celle que préparait depuis plus de vingt-cinq ans M. le duc de Clermont-Tonnerre, et dont les deux premiers volumes ont déjà paru. L'inspiration à laquelle nous devons ce travail est singulièrement noble et touchante. Un ancien ministre du roi Charles X, éloigné de la direction des affaires depuis 1828, retenu loin de la vie politique depuis 1830 par d'honorables scrupules de conscience, n'a pas voulu que ses loisirs fussent inutiles au pays qu'il avait déjà doublement servi comme soldat et comme conseiller de la Couronne. De bonne heure il avait appris les principales langues modernes de l'Europe, mais ce fut assez tard et déjà maréchal de camp que, dans l'activité même du commandement d'une brigade, il trouva le moyen d'apprendre la langue grecque et se donna le soin de lire Homère dans l'original. Depuis lors il n'avait jamais négligé cette étude, à travers les diverses fortunes de sa vie, et, parmi les

(1) Extrait du *Journal des Savants*, juillet 1864. Voir aussi l'article de M. D. Nisard, dans le *Moniteur* du 9 novembre 1863.

4

auteurs grecs, Isocrate l'attirait d'un charme particulier,
grâce à l'élévation soutenue de sa morale, si voisine
parfois de l'Évangile, un peu aussi par les caractères
de sa politique, politique honnête et si sévère aux excès
de la démocratie qu'elle semble parfois incliner aux
préférences monarchiques et préparer les Grecs à la
domination des rois de Macédoine. Par une coïncidence
non moins intéressante, il se trouve que M. de Clermont-Tonnerre s'est mis, sur le retour de l'âge, à traduire un auteur qui semble n'avoir jamais eu de
jeunesse (nous avons vu plus haut qu'il l'attestait
lui-même dans un passage de l'*Antidosis*), et dont tous
les écrits sont empreints de la douce gravité que donne
aux âmes bien nées une longue expérienee du monde.
Tous ces rapports naturels et toutes ces sympathies entre
l'auteur et le traducteur marquent d'un cachet vraiment
original l'œuvre de celui que nous pouvons appeler un
Isocrate français et chrétien. L'éducation, d'abord plus
savante que littéraire, d'un ancien élève de l'École polytechnique, les occupations des camps et le maniement
des affaires publiques ne le préparaient pas à ces petits
succès de l'art d'écrire où s'est usée une bonne part
de l'activité du rhéteur grec ; mais une vive prédilection
pour ses pensées, une sorte de pieux scrupule à n'en
pas altérer l'expression dans notre langue, la plus pa-
tiente assiduité du cœur et de l'esprit, ont suppléé ce qui
manquait peut-être aux conditions premières de cette
laborieuse entreprise. Isocrate s'applique beaucoup à
nous intéresser par les beautés et les délicatesses du

langage et par toutes les pompes de l'argumentation régulière ; l'abus même de ces séductions nous fatigue souvent chez lui ; on s'impatiente de tant d'efforts pour nous être agréable, et l'on irait plus volontiers au but qu'il nous désigne s'il nous y menait par des voies plus courtes et moins fleuries. M. de Clermont-Tonnerre semble n'avoir eu aucune de ces impatiences. Il suit courageusement Isocrate dans les détours de son raisonnement et dans le détail symétrique de sa phrase. Il s'étudie à nous le rendre tout entier, même en ces pages, où, comme dans l'*Éloge d'Hélène*, l'imagination gracieuse d'un Hellène s'égare jusqu'à des jeux bien futiles aux yeux d'une conscience chrétienne.

Partout il veut mouler, pour ainsi dire, sa copie sur l'original. Comme il devait arriver en un travail si scrupuleux, la matière du moule, c'est-à-dire le français, matière moins fine et moins souple que le grec, ne pénètre pas toujours jusqu'au fond de ces traits délicats dont le ciseau grec a marqué son œuvre ; elle exagère certains efforts déjà sensibles dans l'original et elle rend plus surprenants pour nous certains effets d'éloquence attestés cependant par toutes les traditions de l'antiquité. Il n'y a pas jusqu'à ces *Arguments*, soigneusement rédigés pour diriger et soutenir l'attention des lecteurs, qui n'entrent, presqu'à l'excès, dans l'esprit du sophiste et du politique athénien.

C'est bien là ce religieux souci de sa thèse oratoire et patriotique, qui ressemble quelquefois à une préoccupation égoïste de son talent et que lui reproche si justement la critique de Fénelon [1]. C'est Isocrate en personne, c'est même un peu plus qu'Isocrate; mais, du moins, il n'est exagéré que dans le sens des qualités dont il fut le plus jaloux, et sa grande ombre n'aurait pas le droit de se plaindre, si ces qualités ressemblent quelquefois, pour nous autres modernes, à un défaut.

Après tout, il est beau pour Isocrate d'avoir rencontré, en plein XIXe siècle, un traducteur tel que M. de Clermont-Tonnerre. M. de Bréquigny et l'abbé Auger ne l'avaient guère traduit qu'en amateurs d'histoire, en hellénistes indifférents à sa philosophie. Au contraire, cette philosophie où il attachait une vanité toute patriotique est précisément ce qui lui a valu, de notre temps, les prédilections d'un homme d'État. M de Clermont-Tonnerre ne l'a traduit que pour répandre parmi la génération nouvelle des leçons dont il ne croit pas que l'efficacité soit épuisée, malgré tous les progrès et toutes les distances qui nous séparent du monde ancien. S'il l'a fait parler en français, c'est que, pour ainsi dire, dans sa modestie, il ne croyait pas pouvoir nous parler plus utilement en son propre nom. Je suis, pour ma part, singulièrement touché de l'hommage que reçoit ainsi, dans la personne d'Isocrate, le génie même de l'antiquité classique.

[1] Deuxième Dialogue sur l'éloquence.